Inhalt

Vorwort

Die Zwillinge Strubbelpeter und Schnatterliese begeistern mit ihren Erlebnissen seit über 25 Jahren jeden Monat die Kinder.
Die schönsten Geschichten von Strubbelpeter und Schnatterliese zum Muttertag und zum gemeinsamen Handeln mit ihrer Mama sind in diesem Erlebnisbuch aus der beliebten Kinderzeitschrift Bussi-Bär, der ersten wissenschaftlich empfohlenen Spiel- und Vorschule, in Versform zusammengestellt.
Dazu schenkt Bussi-Bär allen seinen Freunden einige fröhliche und interessante Kinderspiele. Diese tollen Spielideen sind geeignet für ein Kinderfest im Frühling und im Sommer.

Viel Spaß mit den heiteren Geschichten von
Strubbelpeter und Schnatterliese und den
tollen Spielideen wünscht allen Kindern
in der Welt von Herzen die
BUSSI-BÄR-Redaktion

Rolf Kauka's

BUSSI BÄR

KINDERBIBLIOTHEK

Muttertag ist jeden Tag bei Strubbelpeter und Schnatterliese

MOEWIG

Ein farbiges BUSSI-BÄR-KINDERBUCH
für glückliche Kindertage

Originalausgabe

Konzeption, Layout, Redaktion:
Bernd Gärtig
Illustrationen: Ana Merino
Umschlagidee: Bernd Gärtig
Umschlaggestaltung:
Werbeagentur Zeuner, Ettlingen
Umschlagillustration: Ana Merino
Druck und Bindung: Printer Portugesa, Lissabon

Auslieferung in Österreich;
Pressegroßvertrieb Salzburg Gesellschaft m. b. H.,
Niederalm 300, A-5081 Anif, Österreich
Printed in Portugal 1994

ISBN 3-8118-4475-X

Eine neue Öko-Waschmaschine steht im Haus, und Mama ruht im Garten aus.
Schnatterliese mag heute die Waschfrau sein, denn ihre Jacke soll wieder sauber sein.
Sie will die Jacke waschen ...

Strubbelpeter, Schnatterliese,
die Geschichte, die ist diese:

Die Mama ruht im Garten aus,
und Schnatterliese wäscht im Haus,
und sie stopft mit froher Miene
alles in die Öko-Waschmaschine.

Die Liese wählt das
Spargrogramm,
dann schaltet sie
die Trommel an.
Das milde Wasser
fließt hinein
und wäscht danach
die Wäsche fein.

Der Strubbelpeter
schaut und staunt,
was innen sich
zusammenbraut.
Die Technik schafft's
und keine Kraft,
des frohen Peters,
der nur gafft.

Einst wusch Oma den ganzen Tag,
sie wrang und sang bei ihrer Plag.
Das weiß die Liese ganz genau
und denkt ganz fest an die Waschfrau.

Im Garten strahlt der Sonnenschein,
und Mutti ist jetzt nicht allein,
die Kinder haben schnell entdeckt,
was allen Kindern köstlich schmeckt.

Der Peter schleckt ein Erdbeereis,
und für die Wäsche wird's zu heiß,
viel heißer als bei dreißig Grad,
für Lieses Jacke ist das schad'!

Als dann die
Trommel wird geleert,
ist für die Lies’
die Welt verkehrt.
„Ich bin kein Zwerg
in dieser Welt,
das kleine Ding
mir nicht gefällt.“

Die Schnatterliese ärgert sich.
„Auch meine Hose duftet frisch.
doch winzig klein ist sie nun auch.
Ja, wirklich klein für meinen Bauch.“

Dann weiß der Peter einen Rat,
und schreitet frohgelaunt zur Tat.
Auch Lieses Püppchen ist nun fein,
die Jacke schenkt ihr Lieselein.

Strubbelpeter, Schnatterliese,
die Geschichte, die war diese.

Strubbelpeter und Schnatterliese kaufen sehr gerne ein.
Sie gehen heute in die Stadt und kaufen bei Herrn Lehmann in dem Feinkostladen ein.
Dort gibt es Äpfel, Bananen, Orangen, Kirschen, Kiwi und selbstverständlich auch Kartoffeln. Fünf Kilogramm Kartoffeln sind in einem Netz...

Strubbelpeter, Schnatterliese, die Geschichte, die ist diese:

„Bis später, Kinder!“ ruft Mama.
„In einer Stunde sind wir da“,
verkündet Peter stolz und laut,
die Liese nach der Mama schaut.

Die Kinder gehen in die Stadt,
die einen Früchteladen hat.
In diesem kaufen Sie dann ein,
dort duften alle Früchte fein.

Den Korb füllt hier alleine Liese.
„Neue Kartoffeln sind diese“,
spricht Herr Lehmann und reicht gütig,
Peterchen schaut etwas wütig.

Dann nimmt der Peter
ganz gespannt
das große Netz
in seine Hand.
Ja, die Kartoffeln
wiegen schwer,
und Peterchen
schaut bös' umher.

Die Liese liest
und kontrolliert,
damit kein Fehler
ihr passiert.
Muttis Zettel
hat seinen Sinn,
und in dem Korb
ist alles drin.

Die Kinder gehen durch den Park,
und beide schleppen wirklich arg.
Als Lieses Magen knurrt und plagt,
ist eine Lösung angesagt.

„Vitamine ohne Frage
sind notwendig heutzutage“,
sagt die Liese zu dem Peter,
der sich setzt ein Weilchen später.

Dann sitzt auch Lies’ auf ihrem Po,
und beide essen einfach so
die Äpfel und Bananen auf
von ihrem großen Wochenkauf.

Als alle Früchte
sind verzehrt
und Lieses Korb,
er ist geleert,
weiß Strubbelpeter
einen Rat
und schreitet stolz
zu seiner Tat.

Dann tragen sie zusammen heim,
was einem war zu schwer allein.
Froh der Peter und die Liese,
schlendern heim über die Wiese.

Was im Park schnell war geschehen,
das hat Mutti nicht gesehen.
Sie ruft fragend: „Was ist da los?
Wo sind drei Kilo Äpfel bloß?“

Strubbelpeter, Schnatterliese,
die Geschichte, die war diese.

Viele Geräusche hören und erraten

Dieses akustische Wahrnehmungsspiel kannst du mit deinen Freundinnen und Freunden draußen auf der Spielstraße, im Garten oder drinnen in deinem Zimmer spielen.
Ein Kind oder zwei Kinder müssen die Geräusche erraten, die der Geräuschemacher ertönen läßt. Hier spielen Strubbelpeter und Schnatterliese das Spiel im Haus. Strubbelpeter zieht den Vorhang zu, und Schnatterliese muß dieses Geräusch erraten. Natürlich sieht Schnatterliese nicht, was Strubbelpeter macht. Deshalb müssen der Raterin oder dem Rater die Augen verbunden werden.

Ideen für laute und leise Geräusche:

Du schlägst die Tür zu, oder du machst das Fenster auf. Du suchst im Radio einen Sender bei geringer Lautstärke. Du stößt vorsichtig zwei Gläser, zwei Tassen, zwei Blecheimer oder Plastikeimer zusammen. Du rollst ein Spielzeugauto über den Tisch. Du deckst den Tisch und stellst auf die Tischplatte einen Teller, legst Messer, Löffel und Gabel dazu und stellst ein Glas auf den Tisch. Du klappst ein Buch zu. Du schlägst zwei Kochlöffel zusammen. Du läßt Buntstifte auf den Tisch fallen und über den Tisch rollen.
Du öffnest den Kühlschrank, den Backofen oder die Spülmaschine. Du läßt den Rolladen runter, du ziehst den Rolladen nach oben. Du gehst die Treppe hinauf. Du zupfst an einer Gitarrensaite, du rasselst mit einer Babyrassel. Du drehst den Wasserhahn auf und läßt Wasser in ein Glas laufen. Du schüttest Erbsen oder Linsen in eine Tasse.

Meine Tiere auf dem Bauernhof

Bei diesem Sprachspiel erzählen die Kinder, was ihre Tiere sprechen und was sie essen.
Die Kinder sitzen oder stehen im Kreis bei diesem Spiel. Das jüngste Kind beginnt, von seinem Tier auf dem Bauerhof zu erzählen. Danach ist das rechts neben ihm sitzende Kind an der Reihe, und es wird in dieser Weise reihum weitergespielt.
Natürlich sollen auch falsche Geschichten erzählt werden. Korrigiert die nächste Spielerin oder der nächste Spieler nicht sofort die falsche Geschichte, darf sie oder er in dieser Runde nicht von seinem Tier erzählen.

Das sind zwei richtige Geschichten:
„Auf meinem Bauernhof hoppelt ein Hase,
und er mag gerne Karotten.
Auf meinem Bauernhof grunzt ein Schwein,
und es trinkt gerne Wasser."

Das sind zwei falsche Geschichten:
„Auf meinem Bauernhof bellt ein Schwein,
und es trinkt gerne Wein.
Auf meinem Bauernhof muht ein Hund,
und er frißt gerne Karotten."

Die älteren Kinder können in den falschen Geschichten alle falschen Aussagen zählen.
Wer in seiner Geschichte die meisten falschen Aussagen erzählt, bekommt ein Eis.

Besenhockey für die Kleinen

Dieses Spiel sollst du im Zimmer oder im Flur spielen. Die beiden Stühle werden als Tore an zwei gegenüberliegenden Seiten aufgestellt. Hier startet Bussi mit einem Stoffetzen von seinem Tor aus und versucht, ihn unter Peters Stuhl zu schieben.
Gelingt es Bussi-Bär, ist Peter an der Reihe.

Der Sturm tobt auf der Insel

Bei dem tobenden Sturm rücken Peter, Liese und Bello näher und näher zusammen. Zu Spielbeginn stehen die drei auf einem großen Stück Papier. Das Papier ist die Insel, und Bussi-Bär spielt den Sturm.
Der Sturm tobt gewaltig, und Bussi reißt Stückchen für Stückchen von dem Insel-Papier ab. Der Sturm hört auf zu toben, wenn ein Inselbewohner in das Meer tritt.

Blinde Füße tapsen...

Die blinden Füße tapsen durch das Zimmer oder durch den Garten. Ja, dieses Spiel kannst du drinnen und draußen spielen.
Zu Spielbeginn werden dem tastenden Kind die Augen verbunden, und du legst ein paar runde Bierdeckel oder untertassengroße Pappscheiben aus. Das Kind versucht nun, barfüßig alle Bierdeckel oder Scheiben zu ertapsen. Gelingt es dem Kind, wird es zum großen goldenen Fußkönig ernannt.

Meine Bälle auf dem Teller

Dieses Geschicklichkeitsspiel ist für ältere Freunde von Peter und Liese gedacht, und es wird mit Plastiktellern und Besenstielen gespielt.
Balancieren die Kinder erfolgreich ihre Plastikteller auf den Besenstielen, dürfen sie zwei oder drei leichte Bälle auf ihre Teller legen.

Fasching ist eine fröhliche Zeit,
und die Kinder haben in den
letzten Tagen ihre Geheimnisse.
So weiß der Strubbelpeter nicht,
welches Kostüm seine Schwester
heute tragen wird.
Ist sie eine Prinzessin, eine Fee
oder eine Seeräuberbraut...
Strubbelpeter, Schnatterliese,
die Geschichte, die ist diese:

Fasching, Fastnacht, Karneval,
das feiern Kinder überall.
Der Peter als Indianer geht,
und heimlich er nach Liese späht.

Doch Mutti, sie verbietet das,
und Peter spricht: „Was soll denn das!
Die Liese weiß seit Tagen schon,
daß ich bin ein Indianersohn!“

Der Strubbelpeter heut' nicht weiß,
ob Liese trägt ein Kleid in Weiß.
Ob Schwester geht als Königsfee,
die weiß ist, wie der weiße Schnee.

Der Peter dann betrübt eintritt,
die Liese wagt den ersten Schritt.
Als Löwe geht sie aus dem Haus
und schreitet stolz zu Vetter Klaus.

„Wo ist heute dein Schwesterlein?
Sag, warum kommst du denn allein?"
Das fragt die Fee aus fernem Land,
der Peter schweigt und streckt die Hand.

Der Peter nach der Liese schaut.
Ist sie es wohl, die Affenbraut?
Er wagt sich an den Aff' heran
und schaut sich sein Gesichtlein an.

Die Enttäuschung ist riesengroß.
„Wo bleibt denn meine Schwester bloß?"
fragt Strubbelpeter, schaut und schaut
und schreit nach Liese ziemlich laut.

Doch Schnatterliese ist nicht da.
Bleibt sie zu Hause bei Mama?
Denkt der Peter heute leise,
späht und sucht auf seine Weise.

Alle Kinder, fröhlich, heiter,
feiern unbekümmert weiter,
sich im Tanze drehen, springen
und beschwingte Lieder singen.

Dann brüllt der Löwe, schwingt die Hand
und kommt zu Peter schnell gerannt.
Der flüchtet hier nicht nur zum Schein,
ein starker Mann kann er nicht sein.

Peter ein Geheimnis geben,
heißt das Leben zu beleben.
Ja, ganz genau erkannte dies
mit Löwenmähne Schnatterlies'.

Strubbelpeter, Schnatterliese,
die Geschichte, die war diese.

Der Gorilla ist ein riesiger Affe,
und Strubbelpeter und
Schnatterliese bewundern
ihn gerne im Zoo.
Als aber ein Gorilla auf der
Kinderfaschingsparty erscheint,
herrscht große Aufregung...

Strubbelpeter, Schnatterliese,
die Geschichte, die ist diese:

Stimmung herrscht
im ganzen Saal,
denn zum
Kinderkarneval,
luden Lies' und Peter ein,
Freude soll für
jeden sein.

Plötzlich wird es
unheimlich,
ein Gorilla,
gar nicht kleinlich,
springt herein
mit einem Satz
und macht einen
Mordsrabatz!

Und die Kinder sind erschrocken,
der Gorilla ist ein Brocken.
Und er schreit, so laut er kann,
ja, wie der größte Urwaldmann.

Dicht an dicht in einer Ecke
drängen zum Beratungszwecke
furchtsam sich die Kinderlein...
Peter ruft: „Mir fällt was ein!"

Flugs spricht er am Telefon
mit dem Chef vom Zirkus Krohn:
„SOS! Ein wildes Tier
stiftet Angst und Chaos hier!

Bitte schicken Sie sofort
einen Mann zum Schreckensort,
einen unerschrock'nen Mann,
der mit Affen umgehn kann!"

Jetzt sind alle guter Dinge,
da erscheint mit einer Schlinge
Raubtierbänd'ger Leberecht
und erkennt: Der ist nicht echt!

Angesichts der Schlingen-Stange
wird's dem Untier angst und bange,
und es wünscht von diesem Ort
sich dreihundert Meilen fort.

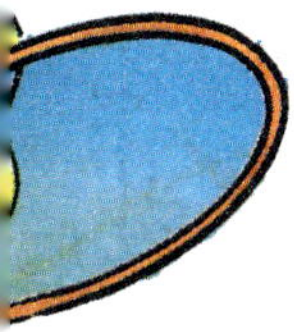

Daß er es zu Ende bringe,
wirft Herr Leberecht die Schlinge...
Aus dem Fell schält sich heraus –
Wer wohl...? Richtig, Vetter Klaus!

Strubbelpeter, Schnatterliese,
die Geschichte, die war diese.

Im Winter ist es bitterkalt,
viel Schnee liegt auf den Wiesen
und auf dem Hügel vor dem Wald.
Heute bauen die Zwillinge einen
riesengroßen Schneemann, und
er soll lange auf der Wiese stehen
und die Kinder erfreuen.

Strubbelpeter, Schnatterliese,
die Geschichte, die ist diese.

Ja, heute ist
ein Wintertag,
wie Peter ihn
so gerne mag.
Die Schnatterliese
freudig lacht:
„Der Schnee ist
eine weiße Pracht!“

Der Schneemann
ist ein großer Mann,
der stehen und
nicht gehen kann.
Er bleibt zurück
an diesem Ort,
die Kinder gehen
fröhlich fort.

„Spring auf, mein kleines Schwesterherz!
Ich bin dein Pferd, heut' mal zum Scherz.
Ich trabe hoch zum Berg hinauf,
und du sitzt auf dem Schlitten drauf."

Liese springt und liegt vergnüglich,
und der Peter zieht vorzüglich,
stapft freudig durch den hohen Schnee,
nur faul liegt da die Märchenfee.

Wenn sich die Kinder gut versteh'n,
die Stunden wie im Flug vergeh'n,
Gemeinsamkeit in ihrem Spiel
führt beide an das rechte Ziel.

Doch auf dem Berg der Peter sagt:
„Ich habe mich genug geplagt,
verschwinde von dem Schlitten, Lies',
und stell dich auf die weiße Wies'!"

Die Liese tut, was Peter spricht,
doch freudig schaut sie deshalb nicht.
Der Schlitten ist zwar groß für zwei,
doch Peter ist das einerlei.

„Nun rodel ich, und du bleibst steh'n,
du wirst mich aus der Ferne seh'n,
wenn ich den Berg hinuntersaus,
viel schneller als der Vetter Klaus."

Was Peter sagt,
nicht höflich klingt,
danach ein Lied
der Junge singt.
„Halt' bitte an,
ich fahr' mit dir!"
ruft Liese zu
dem Peter hier.

Und als der
Peter weitersaust
und durch den dicken
Schneemann braust,
die Schnatterliese,
sie schreit laut,
und kalt ist
Peters Winterhaut.

Strubbelpeter,
Schnatterliese,
die Geschichte,
die war diese.

Viel Schnee liegt im Garten und auf dem Bürgersteig, und weiß ist auch des Nachbars Reich. Als dieser am Morgen das Haus verläßt und mit dem Auto wegfährt, und auch die Frau Nachbarin nach einer Weile das Haus verläßt, da haben die Kinder eine Idee...

Strubbelpeter, Schnatterliese, die Geschichte, die ist diese:

Der Peter froh im Bette lacht,
und Schwester sieht die weiße Pracht
im Garten und vor Nachbars Haus,
der früh schon fährt sein Auto raus.

Der Strubbelpeter mächtig sinnt,
und wenn er auch ein wenig spinnt,
so ist, was er denkt vorzüglich,
und stimmt Peterchen vergnüglich.

Plötzlich ist der
Peter munter,
rennt blitzschnell
die Treppe runter,
sucht im Keller
eine Schippe,
schweigt mit
zugepreßter Lippe.

Doch sein liebes Schwesterlein,
bleibt im Hause nicht allein,
zieht die warmen Sachen an,
und rennt zu Peterchen sodann.

Die Kinder schippen Hand in Hand
den Schnee vor die Garagenwand,
in der sonst langsam schwingt ein Tor,
fährt Nachbar mit dem Auto vor.

Und Peter freut sich, ruft: „Hurra!
Ja, Schwester, das war niemals da!“
Liese schippt, und beide lachen.
„Da wird Nachbar Augen machen.“

Nach einer Stunde ist's geschafft,
der Berg ist hoch und schlapp die Kraft.
Die Kinder schleichen beide weg
und lauern leise im Versteck.

Die Zeit vergeht, Liese schnattert,
Strubbelpeter spricht verdattert:
„Wenn jetzt noch stark die Sonne scheint,
wird unser Freund, der Schnee, zum Feind."

Nachdem der Peter Stunden fror,
fährt Nachbar mit dem Auto vor.
Er sieht den weißen, großen Berg
und denkt, ihn küßt ein böser Zwerg.

Sehr wütend schimpft er, und er spricht:
„Was hier geschah, gehört sich nicht.
Nun schaufelt ihr zwei wie zuvor
den Schnee weg vom Garagentor.“

Diese Arbeit fordert Mühe,
Peter schaufelt wie hundert Kühe
und riecht den heißen Kräutertee,
ein guter Drink im kalten Schnee.

Die Kinder danken für das Glück,
der heiße Tee kennt kein Zurück.
Zurück muß in der nächsten Stunde
der Schnee, lautet Nachbars Kunde.

Die Kinder erfüllen ihre Pflicht,
und laut der Peter heute spricht:
„Fällt viel Schnee zur Morgenstunde,
schippe ich!“ lautet die Kunde.

Strubbelpeter, Schnatterliese,
die Geschichte, die war diese.

Und auch in diesem Jahr zum Muttertag wollen Strubbelpeter und Schnatterliese vollbringen, was sonst ihre liebe Mutter macht. Sie spülen, waschen, wringen und hängen die Wäsche zum Trocknen im Garten auf. Doch Hundchen wartet nicht darauf…

Strubbelpeter, Schnatterliese, die Geschichte, die ist diese:

Strubbelpeter, Schnatterliese
spielen heut' nicht auf der Wiese.
Die Kinder arbeiten im Haus,
und ihre Eltern gehen aus.

„Zum Muttertag an Mutti denken
und ihr immer Freude schenken",
denkt leis' das kleine Brüderlein,
spült alle Teller weiß und rein.

Und die Liese
stopft im Keller
Wäsche rein,
da klirrt ein Teller.
Ja, und draußen
in dem Garten,
Hannas Hundi
sitzt, muß warten.

Strubbelpeter
mag Hundi sehr,
und unser Peter
gibt gern her,
was dem Kleinen
schmeckt
vorzüglich,
dieser schaut
und bellt
vergnüglich.

Schnatterliese hängt Wäsche auf,
und Liese achtet nicht darauf,
was Hundis Herz so brav begehrt,
und ob den Knochen er verzehrt.

Und während Lies' an Mutti denkt,
die Wäsche in der Sonne hängt,
sinnt Hundi nach einem Platz
für seinen riesengroßen Schatz.

Und ein paar Minuten später
spricht Schwesterlein zum Peter:
„Bruderherz, heute ist ein Tag,
wie Mutti ihn so gerne mag.

Unsere Mutter plagt sich täglich,
was wir heut' tun, das ist kläglich
für ihre Mühe immerzu,
von früh bis spät, fast ohne Ruh'."

Und sie denken ohne Frage:
„Es ist wichtig heutzutage,
viele Arbeit zu verhindern
und so Muttis Müh' zu lindern."

„Und andererseits ist es schön,
mit Mutti in den Park zu geh'n",
spricht Liese, schaut zum Fenster,
schreit, als sähe sie Gespenster.

Im Garten buddelt Hundilein,
die Wäsche strahlt jetzt nicht mehr rein,
doch Hundis Freud' ist riesengroß,
doch dann schreit Liese kräftig los,

Ja, keiner konnte es verhindern,
doppelte Arbeit zu lindern.
Nun muß der Peter alles tun,
denn Liese mag ein Weilchen ruh'n.

Strubbelpeter, Schnatterliese,
die Geschichte, die war diese.

Wo trommelt der Affe?

Das möchte gerne Bussi-Bär erkunden. Hört der Affe aber auf zu trommeln, muß Bussi-Bär stehenbleiben, und die Spielleiterin oder der Spielleiter zieht den Affen noch eimal auf, damit er laut trommelt.
Doch bevor Bussi-Bär weiter durch das Zimmer stapft, wird er im Kreis gedreht. Dann sucht Bussi weiter.
Wer am schnellsten den Affen entdeckt, der ist die Siegerin oder der Sieger.

Formen erkennen

Schneide vor Spielbeginn Kreise, Dreiecke und Rechtecke aus Plakatkarton aus. Hier sammelt Peter Rechtecke und Dreiecke, und Liese sammelt große und kleine Kreise. Wer ertastet die meisten Formen?

Gorilla Ullatrulla

Zeichne zuerst deinen Gorilla Ullatrulla mit bunter Kreide an die Spielwand oder an einen Bauzaun, der an eine Spielstraße grenzt. Frage aber bitte zuerst den Bauleiter um Erlaubnis.
Auch benötigst du einen langen Nagel. Den Nagel hämmerst du Ullatrulla in das Maul und befestigst daran einen Strick, an dem ein leerer Eimer hängt.

Das Spiel: Die Kinder müssen nun ihre Bälle in den Eimer von Ullatrulla werfen. Dabei zählt der Spielleiter die Treffer.
Trifft ein Kind nicht, so hat es die Möglichkeit, einen Wurfpunkt zu erzielen, wenn es dreimal hintereinander fehlerfrei spricht: „Gorilla Ullatrulla kullert und schnullert einen Schnuller von Frau Tulla!“

Es kann bei diesem Spiel mit fünf, sechs oder zehn Tennisbällen eine Runde gespielt werden.
Siegerin oder Sieger ist, wer die meisten Treffer erzielt.
Auch darfst du zwei Gorillas an die Spielwand malen.
Und zwei Kinder werfen gleichzeitig.

Bälle liegen hinter der Wand

Hinter der Spielwand liegen Bälle und saubere Kartoffeln. Hier greift Strubbelpeter nach den Bällen, und er soll in kürzester Zeil drei Bälle vor die Wand legen.
Ob es ihm gelingen wird? Denn es liegen auch wohlgeformte runde Kartoffeln hinter der Wand.

Die Wanderung der Bälle

Die Wanderung der Bälle ist ein Geschicklichkeitsspiel für alle größeren Kindergartenkinder und für alle Grundschüler.

Jedes Kind muß bei diesem Spiel seine Hände auf den Rücken legen und darf den Löffel nur mit dem Mund festhalten.

Hier spielt Strubbelpeter mit Bussi-Bär, Vetter Klaus spielt mit Schnatterliese, und das Mädchen Vera spielt mit Bello.

Zu Spielbeginn reicht Strubbelpeter seinen Tischtennisball an Bussi-Bär weiter. Liegt der Tischtennisball auf Bussi-Bärs Löffel, steht Bussi auf, dreht sich im Kreis, kniet nieder und reicht den Tischtennisball an Strubbelpeter zurück.

Nun steht Strubbelpeter auf, dreht sich, kniet sich nieder und reicht den Ball zu Bussis Löffel zurück.

Fällt der Ball runter, ist das Spiel für Strubbelpeter und Bussi-Bär beendet.

Bei diesem Spiel wird so lange gespielt, bis nur noch ein Ball eines Paares von Löffel zu Löffel wandert.

Es sind Ferien, und große Qualen plagen heute die Mama.
Sie bleibt im Bett, und ihre Kinder sorgen für die Mama. Aber alles können Strubbelpeter und Schnatterliese nicht ...

Strubbelpeter, Schnatterliese,
die Geschichte, die ist diese:

Seit den ersten Sonnenstrahlen
plagen Mutter große Qualen.
In ihrem Bett liegt die Mama,
und sehr besorgt steht Peter da.

Dann kaufen beide Kinder ein,
und Mama ist zu Haus' allein.
Was jeden Tag die Mutter macht,
wird von den Kindern froh vollbracht.

Sie bummeln nicht, sie geh'n nach Haus
und packen ihre Sachen aus.
Dann kocht die Liese Kräutertee,
und Peter schleckt von dem Gelee.

„Die Mama braucht Orangensaft,
ist vitaminreich und schenkt Kraft",
verkündet laut der Strubbelpeter,
trinkt davon ein Gläschen später.

„Die Mama, sie wird heute ruh'n,
denn wir zwei werden alles tun",
spricht hilfsbereit das Töchterlein,
füllt Wasser in die Tasse ein.

Es dampft der Tee, der Peter bringt,
am liebsten er ein Lied noch singt,
die Vitamine zu Mama:
„Trink was du willst, noch mehr ist da.“

So spricht der Peter, Mama schaut
welch' Kräutertee wurd' hier gebraut.
„Du bist ein wirklich liebes Kind.
Wie du das zauberst so geschwind?“

Lobt die Mutter und fragt den Sohn,
und prompt erklingt die Antwort schon:
„Wir kauften ein und eilten heim,
den Tee, den kochte Schwesterlein.“

Die Mutter trinkt, fühlt sich noch schwach,
und von dem Tee wird sie nicht wach.
Die Liese rennt zum Telefon,
und später kommt der Doktor schon.

Der gute Mann weiß immer Rat,
schreibt ein Rezept, und froh er sagt:
„Mama schläft tief in dieser Nacht,
damit sie morgen wieder lacht."

Strubbelpeter, Schnatterliese,
die Geschichte, die war diese.

Bunte Drachen fliegen in den Herbsttagen über die Stoppelfelder und Wiesen. Strubbelpeter und Schnatterliese bauen ihren Drachen selber. Nun kehren die beiden zurück nach Hause mit Latten und buntem Drachenpapier. Zufällig begenet ihnen Vetter Klaus...

Strubbelpeter, Schnatterliese, die Geschichte, die ist diese:

Peter, Liese müssen lachen,
denn sie sehen einen Drachen,
der gräßlich wie ein Monster schaut,
und Vetter Klaus hat ihn gebaut.

Die Kinder wollen schnell nach Haus
und sagen: „Tschüs!" zu Vetter Klaus.
Der entgegnet nichts zur Liese,
schlendert weiter auf der Wiese.

Der Peter baut ein Kreuz aus Holz,
und Liese zeigt den Schwanz voll Stolz.
Dann wird gespannt die Außenschnur,
Papier geklebt an diese nur.

Dann wird gestaltet bunt die Nas',
daran hat Peter sehr viel Spaß.
Und Liese malt den großen Mund,
dazu zwei Backen dick und rund.

Und ein kleines Weilchen später
verlassen Liese und Peter
mit ihrem Drachen stolz das Haus
und ziehen dann zur Stadt hinaus.

Die Kinder laufen
zur Wiese,
und freudig ruft
Schnatterliese:
„Hier ist ein großer
weiter Platz,
flieg hoch hinauf,
mein bunter Schatz!“

Schnell steigt der Drachen hoch hinauf,
und Peter rennt im schnellen Lauf.
Er zieht sein buntes Himmelskind,
und kräftig bläst der liebe Wind.

Auf der Wiese rennt froh der Klaus,
führt an der Schnur sein Monster aus,
das allen Vögeln nicht gefällt
in ihrer blauen Himmelswelt.

Und was die Vögel nicht beglückt,
zerpickt der Rabe wie verrückt.
Ja, Klausilein rührt nun der Scherz,
doch Liese lacht aus vollem Herz.

Strubbelpeter, Schnatterliese,
die Geschichte, die war diese.

Strubbelpeter und Schnatterliese besuchen mit ihrem Vetter Klaus eine Westernstadt.
Gekleidet wie richtige Cowboys und wie ein Cowgirl besichtigen die Kinder einen Saloon.
Und zu jedem Erlebnis gehören unvergeßliche Erinnerungen, deshalb fotografiert Liese...

Strubbelpeter, Schnatterliese, die Geschichte, die ist diese:

Herrlich ist das Ferienleben,
und es wird zwei Fotos geben
von den Cowboys Klaus und Peter.
„Fein gemacht!“ meint Liese später.

Dann will Strubbelpeter reiten,
und die Lies’ soll ihn begleiten.
„Ich reite über Stock und Stein,
und schwinge auch das Lasso fein.“

Schnell auf dem Sattel obendrauf
sitzt Peter und ruft: „Pferdchen lauf!“
Dem Peter fällt das gar nicht schwer,
und Schwesterherz rennt nebenher.

Peter brüllt wie Cowboy Jonny,
der fest sitzt auf einem Pony,
die Schwester ist dann schnell bereit
als Peter mit dem Lasso schreit.

Der Peter wirklich feste sitzt,
sein Lasso zuckt schnell wie ein Blitz,
Schnatterliese jubelt mächtig,
denn ihre Fotos werden prächtig.

Vom Cowboyleben Peter träumt,
als er entdeckt hier seinen Freund.
Der Vetter Klaus, er schlendert still,
und weiß nicht recht, wohin er will.

Das Lasso fliegt prompt über Klaus,
der schaut erschreckt wie eine Maus,
die wirklich nicht mehr fliehen kann,
als leise schleicht die Katze an.

Dann steht der Klausi eingeschnürt.
„Wer hat dich zu der Tat verführt?“
fragt Vetter Klaus, und Peter lacht:
„Das hab’ ich selber ausgedacht!“

„Wenn dem so ist, dann wirst du seh'n,
was Cowboypeter kann gescheh'n,
wenn reitet jetzt dein Vetter Klaus
und fängt sogar die kleinste Maus."

Endlich tut's dem Klaus gelingen,
auf das Pony sich zu schwingen.
Sein Ausritt, der ist blitzschnell Schluß,
und Liese macht den besten Schuß.

Strubbelpeter, Schnatterliese,
die Geschichte, die war diese.